扎根基层一线的
脱贫攻坚楷模：

毛相林

中共重庆市委宣传部
中共巫山县委 编

重庆大学出版社

带领乡亲们历时 7 年在绝壁上凿出一条通向外界道路的重庆市巫山县竹贤乡下庄村党支部书记毛相林说：

"山凿一尺宽一尺，路修一丈长一丈，就算我们这代人穷十年苦十年，也一定要让下辈人过上好日子。"

——习近平在全国脱贫攻坚总结表彰大会上的讲话

毛相林简介

　　毛相林，男，汉族，1959年1月出生，重庆市巫山县竹贤乡下庄村人，初中文化。1992年9月加入中国共产党。1977年3月起，历任老下庄村民兵连长、团支书、会计、大队长、村委会主任。1995年12月起，任老下庄村党支部书记。2005年4月起，担任新下庄村村委会主任。2020年10月至今，任新下庄村党支部书记兼村委会主任。获评"全国脱贫攻坚楷模""全国优秀共产党员""时代楷模""感动中国2020年度人物"等荣誉称号。

前　言

2021年2月25日，在全国脱贫攻坚总结表彰大会上，习近平总书记庄严宣告：我国脱贫攻坚战取得了全面胜利！这一刻，注定为历史标注下熠熠生辉的印记。

8年来，党中央把脱贫攻坚摆在治国理政的突出位置，组织开展了声势浩大的脱贫攻坚人民战争。处于西部地区的重庆，在这场伟大战役中，面对"脱贫攻坚任务不轻"的现状，广大党员干部众志成城、真抓实干，进行了8年精准扶贫。2017年7月以来，18个贫困区县全部脱贫摘帽，1919个贫困村全部脱贫出列，累计动态识别的190.6万建档立卡贫困人口全部脱贫，如期全面完成脱贫攻坚目标任务。

这些成绩的取得，离不开那些以热血赴使命、以行动践诺言，在脱贫攻坚这个没有硝烟的战场上呕心沥血、建功立业的优秀共产党员。巫山县竹贤乡下庄村的毛相林就是他们中的优秀代表，他带领下庄人，为中国波澜壮阔的脱贫攻坚伟大历程镌刻下生动的注脚，为"上下同心、尽锐出战、精准务实、开拓创新、攻坚克难、不负人民"的脱贫攻坚精神书写下最动人的诗篇。

为更加真实直观、图片化场景式展现毛相林同志的先进事迹，大力宣传毛相林同志的崇高精神，激励广大干部群众为全面建设社会主义现代化国家，全面推进中华民族伟大复兴团结奋斗，中共重庆市委宣传部、中共巫山县委组织编写了本书。

目 录

Contents.

共产党人的初心

　　中国共产党人的初心和使命，就是为中国人民谋幸福，为中华民族谋复兴。这个初心和使命是激励中国共产党人不断前进的根本动力。全党同志一定要永远与人民同呼吸、共命运、心连心，永远把人民对美好生活的向往作为奋斗目标，以永不懈怠的精神状态和一往无前的奋斗姿态，继续朝着实现中华民族伟大复兴的宏伟目标奋勇前进。

　　　　　　——习近平在中国共产党第十九次全国代表大会上的报告

"天井"锁下庄

下庄村四周高山合围，犹如"天井"，从"井口"到"井底"，垂直高度1100多米，"井底"直径1.3公里，"井口"直径不到10公里。

至1997年，下庄全村4个社、96户、397人全部住在"井底"。

通往外界的唯一一条"路"是绝壁上的108道"之字拐"。村民们想要出村，只能鼻子贴着崖壁，手脚并用，后脚腾空，抓紧树藤，一点一点地挪。全村有150多人一辈子没出过村，160多人没见过公路。

村民们出山到县城
一来一回至少要 4 天。

扎根基层一线的脱贫攻坚楷模：毛相林

扎根基层一线的脱贫攻坚楷模：毛相林

为了生计，村民们不得不在险恶的山路上攀爬通行。

这样的山路，有的村民一年要走
上百次，还要付出伤亡的代价。

　　土豆、辣椒、玉米等农副产品丰收了也销售不出去；村民生病得不到及时就医，有的抬到半路就没救了；肥料和生产器具进不了山，村民生产、生活方式十分落后。

扎根基层一线的脱贫攻坚楷模：毛相林

以前的下庄村，条件很艰苦，没有教室，60多个学生只能挤在3个老师家里上课，就连课桌、板凳都是学生自己出，一个学

生出课桌，另一个学生就出板凳。1992年，毛相林刚当选为村主任，就组织召开村民大会，决定把村保管室改造成教室，每位村民按人头出木料，村集体出工钱做课桌、板凳，就这样村小建起来了。

扎根基层一线的脱贫攻坚楷模：毛相林

　　村民们的精神文化生活很贫乏。山外的姑娘不愿嫁到下庄，嫁到下庄就一辈子也出不去。92岁的杨婆婆，一双小脚走过两个"时代"，却没能走出下庄村。

决心
变下庄

1997年，毛相林38岁，作为村支部书记，他对下庄村的未来和发展充满了忧虑。毛相林认为，险峻的山路给下庄的发展造成了极大的阻碍，不仅如此，还直接攸关下庄人的生命安全。

杨自虎砍柴摔下山崖死了；

吴自清的小儿子手脚摔残废了；

毛相奎被崖壁上的落石砸中，无法及时抢救死了；

毛相斌9岁的弟弟跌下山崖死了；

蒋延成砍柴摔死了；

村民疾病无法及时就医死了；

还有太多的娃娃，因吃不了长年累月爬出"井"去求学的苦，辍学了；

……

这些画面总是在毛相林大脑里萦绕。

下庄村山清水秀，但与世隔绝、交通不便。

　　"我们这辈人修不出路来，下辈人接着修，抠也要抠出一条路来！""就算我们这辈人穷十年、苦十年，也一定要让下一辈人过上好日子！"……不忘初心，方得始终。毛相林的"初心"，就是开山凿壁、修通"天路"，让下庄村人过上好日子。他在入党申请书中写道："党员就要以身作则，不要怕苦，不要怕累，要带头。"他是这样写的，也是这样做的。

1997 年，毛相林多次主动找老支书黄会鸿交流下庄修路的想法，并与老支书等人一起查看修建线路。

老支书黄会鸿表示大力支持修路，还畅谈修路对下庄发展的价值和意义。于是，毛相林召开会议，充分听取群众对修路的意见。

绝壁凿"天路"

要修路，得有资金。村民们积极捐资捐物，并踊跃报名参加修路。很快，3970 元的启动资金如期筹足。

扎根基层一线的脱贫攻坚楷模：毛相林

　　1997年冬，毛相林带领村民们在鱼儿溪炸响了向封闭与贫困宣战的开山炮。

　　没有工具，毛相林和村民就腰系长绳，用大锤、钢钎、撮箕等简单的农具，悬在空中钻炮眼。

没有任何保护措施，他们在"炸了一炮"的垂直山体上，用手挖用脚蹬。

扎根基层一线的脱贫攻坚楷模：毛相林

男女老少齐上阵，誓把峭壁变通途。

就像蚂蚁啃骨头一样，毛相林带领着下庄人，在悬崖上艰难地一寸一寸向前推进。

即使手起泡、身体受伤也不下"火线"。

扎根基层一线的脱贫攻坚楷模：毛相林

村民以洞穴、岩壁为家，
吃在工地，睡在工地。

为有牺牲多壮志，敢教日月换新天！

1999 年 8 月，年仅 26 岁的村民沈庆富在修路时，被峭壁上落下的石头砸中头部，掉下悬崖壮烈牺牲。沈庆富的妻子刘道菊悲痛欲绝。

同年 9 月，36 岁的村民黄会元在修路时，被一方巨石砸到 300 多米的深沟中壮烈牺牲。

村民和孩子们祭奠修路牺牲的英雄。

两个月里接连牺牲两条鲜活的生命，路还要修吗？还会不会有人牺牲？压力与愧疚让内心一直无比坚定的毛相林第一次产生了动摇。

在全村都陷入挣扎与彷徨时，黄会元72岁的父亲黄益坤站出来说了这样一番话："我们这个地方那么苦寒，我们数十代人受了那么多年苦，哪怕我儿子死了，也期望大家努力一把，公路修通了我们就摆脱贫困了……"

　　老人掷地有声的话，震撼着每一个下庄人的心，一双双高高举起同意修路的手，让毛相林又充满力量，誓言"天不能改，地一定要换！"

梦想终
成现实

"矢志不渝、百折不挠"的"愚公"精神是战胜困难最坚强的力量。2004年4月，历时7年2500余天，绝壁上的8公里"天路"终于全线修通，下庄人终于能够走出"天坑"，几代人的梦想终成现实。

2015 年，在各级党委、政府的支持下，毛相林再次带领村民，用半年时间把机耕道升级成了 3 米宽的碎石路，8 公里的羊肠小道实现了路面硬化。

如今，从下庄村出发到县城只要一个半小时左右。这条"天路"是村民们盼了几辈人的出行路，是下庄与外面世界沟通的连接路，是下庄人不等不靠、挑战贫困的希望路。

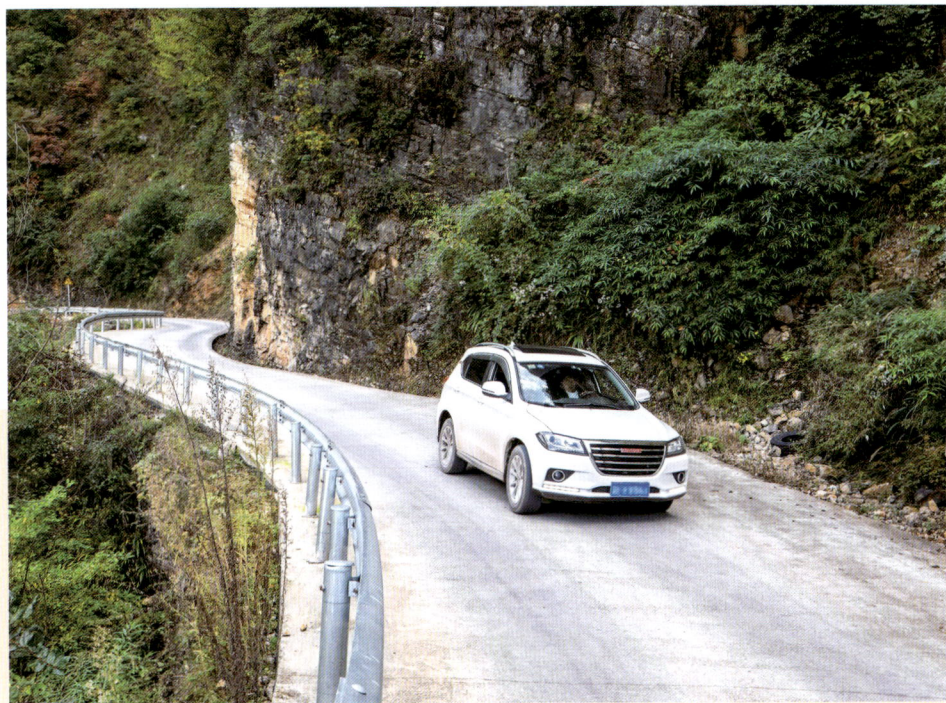

扎根基层一线的脱贫攻坚楷模：毛相林

党员干部的使命

"人不率则不从，身不先则不信。"领导机关和领导干部带头冲在前、干在先，是我们党走向成功的关键。

——习近平在"不忘初心、牢记使命"主题教育总结大会上的讲话

使命与担当

路通了，生存之路有了，但发展中的无形之山如何开凿，又再次压在了毛相林的心上。

他说："作为群众选出来的村干部，带领大家脱贫致富，是我的本分。"

有人用"最偏远的村庄、最贫困的群众、最穷角的农户"来形容下庄脱贫之难。为了摆脱贫困，毛相林又一次带领全村群众"开山凿壁"，向贫穷"大山"发起挑战。

艰难
探索路

脱贫之路注定是艰难而曲折的。

扎根基层一线的脱贫攻坚楷模：毛相林

探索路上的失败教训

1. 漆树种植失败

下庄良好的自然条件，让毛相林首先想到了种植漆树。他动员村民先后移栽2万株羊羔大木漆树，预计2万株漆树年收入可达200多万元。然而，这些漆树并不适宜在低山地带种植，而下庄属于低山，温度高，漆树遇高温就被热死了。

2. 养蚕失败

既然不能靠种漆树致富，毛相林又尝试种植桑树养蚕。桑树长得葱郁，蚕宝宝也长得肥胖，但几个月来，因停电，加上气温高，蚕宝宝患上痢疾，最后全都死掉了。

3. 烟叶种植失败

毛相林又学习邻村的做法，在村里种植起烤烟来。烟叶颜色纯正，烟苗长势喜人。但老天还是跟他开了个玩笑，因下庄气温和湿度高，烟叶回潮后变成了一把粉末。

科学
发展路

经历三次失败后，毛相林反复思考"不能蛮干，要靠科学"。他请农技人员指导，让下庄走上科学发展之路。

扎根基层一线的脱贫攻坚楷模：毛相林

2014 年，毛相林请来县里的专家考察，确定下庄发展纽荷尔柑橘、桃、西瓜三大产业。同时，毛相林一方面与村干部外出学习，另一方面聘请专家到村里手把手教种植技术。学习归来，毛相林又买书自学研究，学会后就一块地一块地走，一户一户上门教。

毛相林先后规划了 650 亩柑橘地，同时套种小麦、红苕、土豆，另外 150 亩桃园套种西瓜，并严格按绿色食品标准进行种植。

扎根基层一线的脱贫攻坚楷模：毛相林

瓜果丰收后，毛相林又与果商联系销售，解除村民们的后顾之忧。

　　还与外出务工人员座谈，要求大家遵纪守法、吃苦耐劳，为下庄争光。

"三色"齐飞

蓝色（劳务输出）、绿色（西瓜种植）、橙色（柑橘种植）三色经济协调发展。2015年，下庄整村脱贫，面貌焕然一新，村民也富了。2020年，下庄人均收入13784元，是修路前的40多倍；2021年，下庄人均收入15577元。

如今，村民们家家户户盖起了新房，文化生活也丰富了。

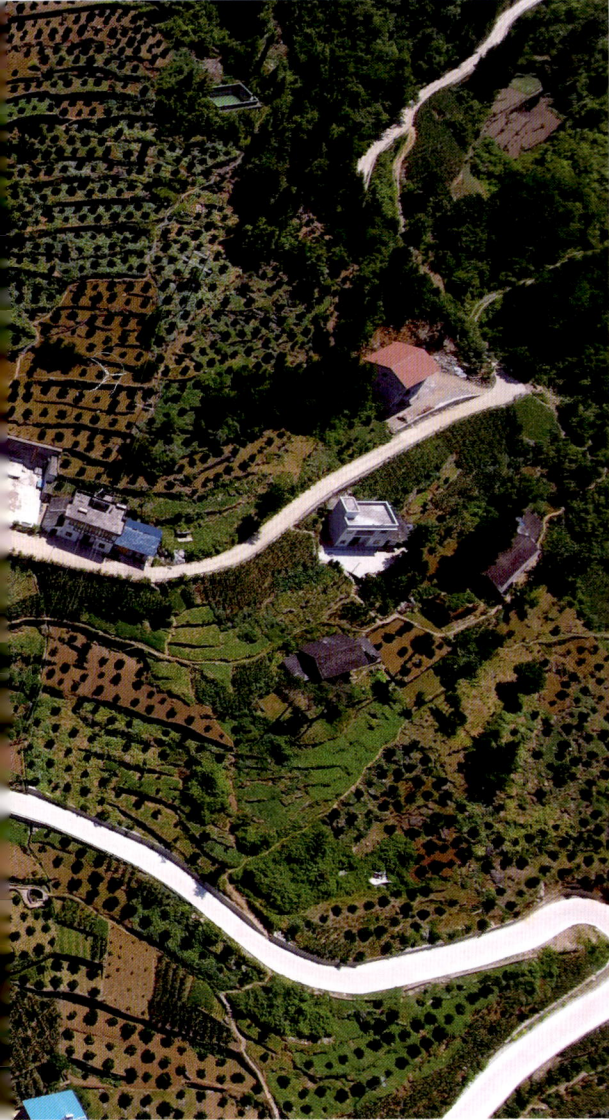

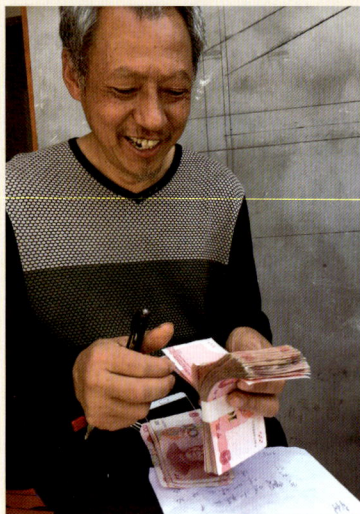

2021年4月，下庄村以800亩土地及其附着的脐橙果树入股重庆浙乐农业开发有限公司，2021年10月14日入股村民收到了第一笔分红。

收入有了大幅增长，村民们高高兴兴住进了大房子，有的村民还成了有车一族。

情怀与品格

　　践行宗旨，就是对人民饱含深情，心中装着人民，工作为了人民，想群众之所想，急群众之所急，解群众之所难，密切联系群众，坚定依靠群众，一心一意为百姓造福，以为民造福的实际行动诠释了共产党人"我将无我、不负人民"的崇高情怀。

——习近平在"七一勋章"颁授仪式上的讲话

心里装着
群众

毛相林常讲："心里要想着群众，要有颗一心为民的心。只有这样，群众才会跟着干。"

群众有难，毛相林总是伸出援助之手。带动大家照顾孤寡老人和贫困户，在下庄形成了敬老孝老的优良乡风。

心里装
着孩子

为了从根本上使下庄摆脱贫困，必须扶志扶智。为此，毛相林组织修建了新教室和操场，使下庄村小学焕然一新。他还为孩子们设立了"毛相林助学专项基金"。

99×87
=(100-1)×87
=87×100-87
=8700-87
=8613
125×32×25
=(125×8)×(4×25)
=1000×100

韵母表

如今，孩子们用上了明亮整洁的教室，吃上了营养餐，学习条件得到了极大的改善，下庄的明天有希望了！

心里装着廉洁

毛相林带头抵制大操大办，整治恶习陋习。他送80岁老母亲外出"躲生"，刹住了"无事酒"的陋习。在他的示范和带领下，全村党员、干部带头签订拒办"无事酒"的承诺书。

2017 年，正逢毛相林母亲 80 大寿，乡亲们都劝他办一场酒席，为母亲庆生热闹一下。他不仅回绝了亲戚朋友的提议，还在母亲生日前一周将她送到村外亲戚家"躲生"。他说：

"我是一名共产党员，群众都在看着我，我如果不带头，嘟个刹得住办'无事酒'的歪风！"

心里装着下庄

1997年，为了筹集修路款，毛相林拿出了母亲积攒的700元养老钱，投入到修路中。

为推动后续修路，他又将妹妹寄存在他家里的3000元购买了修路物资。

后来，修路款缺口越来越大，严重影响工程进度，毛相林就以个人名义，向信用社贷款1万元，用于购买修路物资。

毛相林还三次无偿让出自家宅基地，供村里修建文化广场、下庄人事迹陈列室、下庄卫生室等公共设施。

扎根基层一线的脱贫攻坚楷模：毛相林

毛相林同志坚守道德操守，始终保持共产党人的政治本色，清清白白做人，干干净净做事，带头弘扬清风正气，冲锋在前、勇担重任、无私奉献，让人民群众真切感受到了共产党员的先锋力量，在千方百计为群众谋幸福的不懈奋斗中筑出了一条"民心路"，赢得了当地干部群众的信任、爱戴和广泛赞誉。

坚守与前行

　　从现在起，中国共产党的中心任务就是团结带领全国各族人民全面建成社会主义现代化强国、实现第二个百年奋斗目标，以中国式现代化全面推进中华民族伟大复兴。

——习近平在中国共产党第二十次全国代表大会上的报告

愿当一辈子筑路人

毛相林说："虽然现在条件好了，但'下庄精神'丢不得，还要一代一代传下去。下庄人的步伐不会止步于打通绝壁上的'天路'，不会止步于脱贫路，还要走好乡村振兴之路，走上小康路！"

在很多场合，毛相林总会感慨："我愿当一辈子筑路人！"

毛相林说，等他从岗位上退下来，就做"下庄精神"的义务讲解员，为大家讲述下庄人脱贫奔小康的故事。

扎根基层一线的脱贫攻坚楷模：毛相林

凿井战天

绝壁劈路

召开院坝会，商议修公路。

投钱修公路，开具收据单。

老支书上山，指导测线路。

石头上办公，解施工难题。

老少齐上阵，攻克鸟冠梁。

攀援峭岩壁，量修测线路。

新梦想
新行动

毛相林的新梦想、新行动：发展乡村生态旅游，建设集生态田园观光、民俗节庆活动、乡村文创、户外运动拓展、乡村康养旅居于一体的具有三峡山村特色的休闲度假地。

1. 时代楷模广场
   含下庄驿站、主题雕塑、换乘中心
2. 天路现场教学点：风餐露宿
3. 天路现场教学点：践行先锋
4. 天路现场教学点：殒身不恤
5. 天路现场教学点：断路重生
6. 天路现场教学点：回望下庄
7. 【下庄精神】展馆
8. 【愚公讲堂】
9. 【古道天险】
10. 古道驿站
11. 下庄小学旧址参观点
12. 培训基地教学区
13. 培训基地接待处
14. 【乡村共享客厅】
15. 【下庄作坊】面条加工厂
16. 【下庄小学】新建
17. 果园驿站
18. 峡谷驿站
19. 生态栈道
20. 下庄生态研学基地
21. 下庄人家 改造示范点
22. 村庄集中养殖区
23. 水渠修复及景观步道建

后溪-马渡河峡谷

下庄果园

古道天险

下庄果园

下庄果园

向家河

天路·峡谷段

天路·绝壁段

毛相林和村民们憧憬着美好的新生活，他们要用自己的双手，继续修出一条通往幸福的路。

生态人文
体验区

精品农田
示范区

精神研学
核心区

谷生态
验区

天路精神
展示区

乡村驿站
服务区

如今山清水秀、风景宜人的下庄。

召唤
年轻人

毛相林着眼于下庄的未来，想方设法召唤年轻人回乡创业。

他向回家过年的年轻人讲述家乡的变化和未来规划，鼓励他们回乡发展。对未回家过年的，他也一个一个打电话动员。

2012 年以来，共有 60 余名外出务工人员回到下庄发展。彭淦回来了，接棒已退休的张泽燕，成为了下庄村小的教师。袁孝鑫回来了，做起了短视频博主，还开办了扎染手工坊"布谷手作"。邻近福坪村的黄梅也来到了下庄村，做起了下庄人事迹陈列室的讲解员。

铭记英雄

习近平总书记指出：一个有希望的民族不能没有英雄，一个有前途的国家不能没有先锋。

为铭记修路英雄，毛相林积极筹建下庄人事迹陈列室，还在村文化广场镌刻了修路英雄谱。

光荣榜

毛相林的先进事迹在重庆乃至全国引起热烈的反响，受到党、政府和社会的高度肯定和赞誉。

2021年2月25日／被中共中央、国务院授予**"全国脱贫攻坚楷模"**荣誉称号；

2021年6月28日／被中共中央授予**"全国优秀共产党员"**称号；

2020年11月／被中共中央宣传部授予**"时代楷模"**称号；

2020年10月／被国务院扶贫开发领导小组授予**"全国脱贫攻坚奖奋进奖"**；

2021年2月17日／被中央广播电视总台评为**"感动中国2020年度人物"**；

2019年12月／入选中央文明办**"9月中国好人榜"**；

2020年3月／被中共重庆市委、重庆市人民政府评为**"2019年重庆市乡村振兴贡献奖先进个人"**；

2016年7月／被中共重庆市委授予**"重庆市优秀共产党员"**称号。

2016年3月／被中共重庆市委宣传部命名为**"重庆市岗位学雷锋标兵"**；

2017年10月／被重庆市人力资源和社会保障局、重庆市扶贫开发办公室评为**"2017年度重庆市扶贫开发工作先进个人"**；

2019年12月／被中共重庆市委宣传部办公室评为**"2019年度基层理论宣讲先进个人"**；

2016年1月／获重庆广播电视集团、重庆日报报业集团**"2015年度感动重庆十大人物"**称号。

礼赞英雄、礼遇楷模。毛相林获评"时代楷模"当晚，重庆城为他一人点亮。

授予：毛相林

"全国脱贫攻坚楷模"
荣誉称号

二〇二一年二月

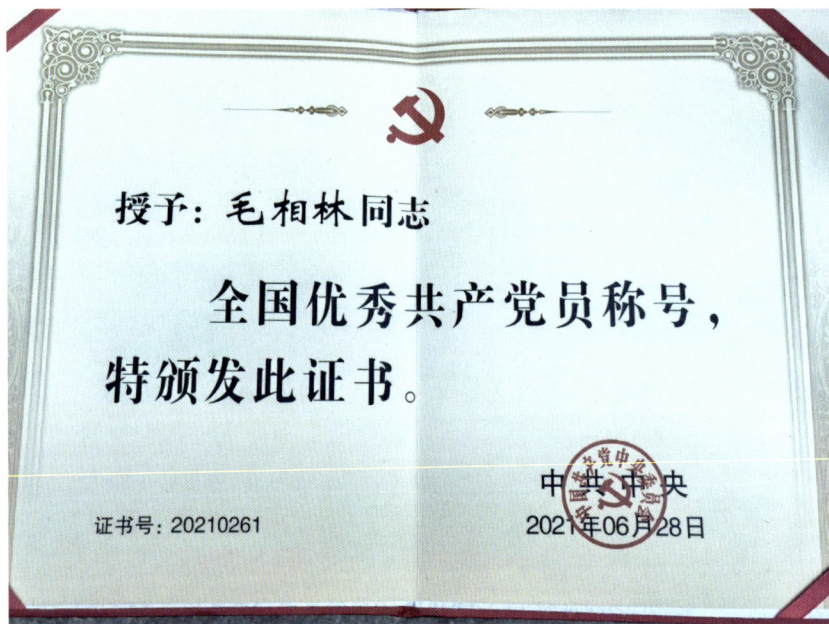

授予：毛相林同志

全国优秀共产党员称号，
特颁发此证书。

中共中央
2021年06月28日

证书号：20210261

荣誉证书

授予 毛相林

"时代楷模"称号，特颁发此证书。

中共中央宣传部
二〇二〇年十一月

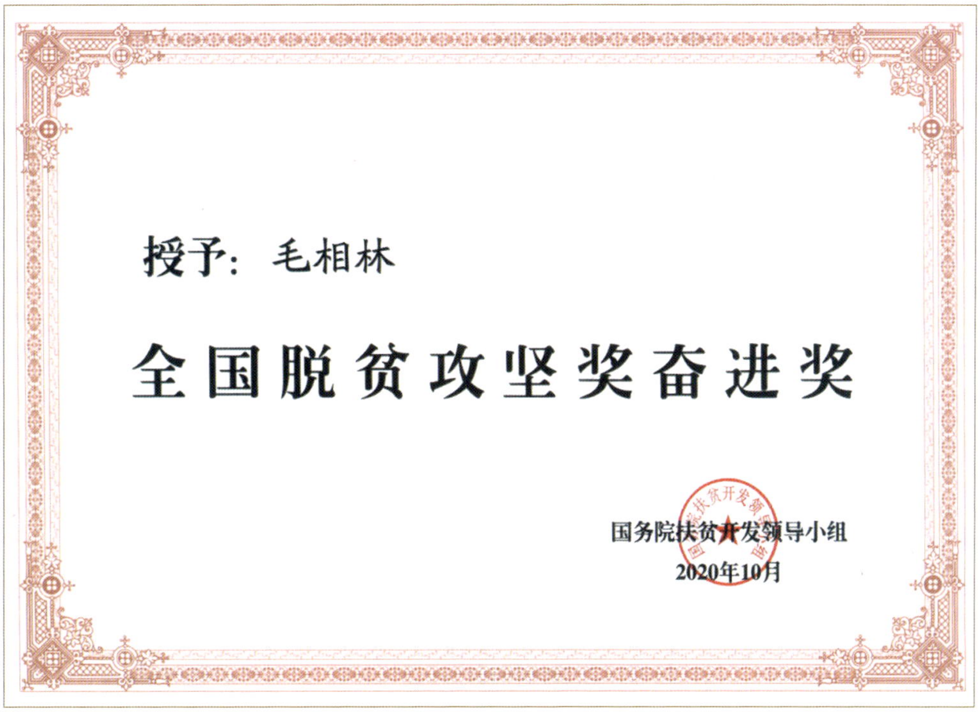

授予：毛相林

全国脱贫攻坚奖奋进奖

国务院扶贫开发领导小组
2020年10月

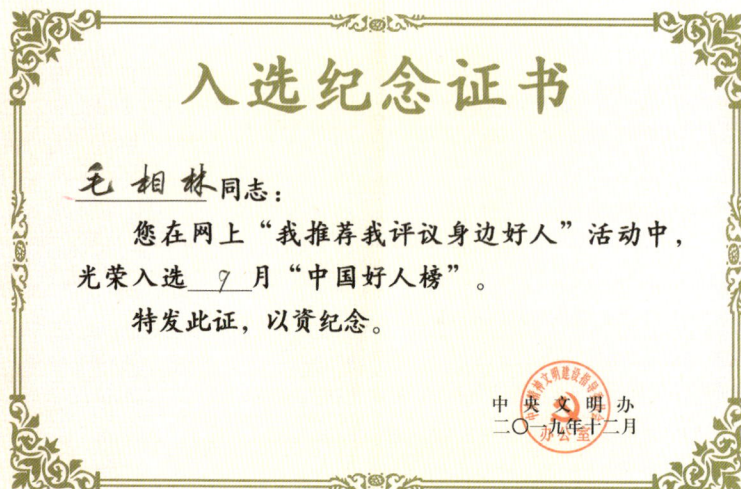

入选纪念证书

毛相林同志：

您在网上"我推荐我评议身边好人"活动中，光荣入选 7 月"中国好人榜"。

特发此证，以资纪念。

中央文明办
二〇一九年十二月

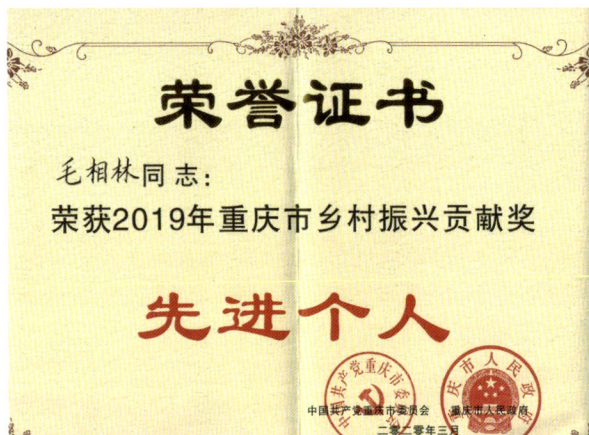

荣誉证书

毛相林同志：

荣获2019年重庆市乡村振兴贡献奖

先进个人

中国共产党重庆市委员会　重庆市人民政府
二零二零年三月

荣誉证书

HONORARY CREDENTIAL

授予毛相林同志：

重庆市优秀共产党员称号

中共重庆市委
2016年7月

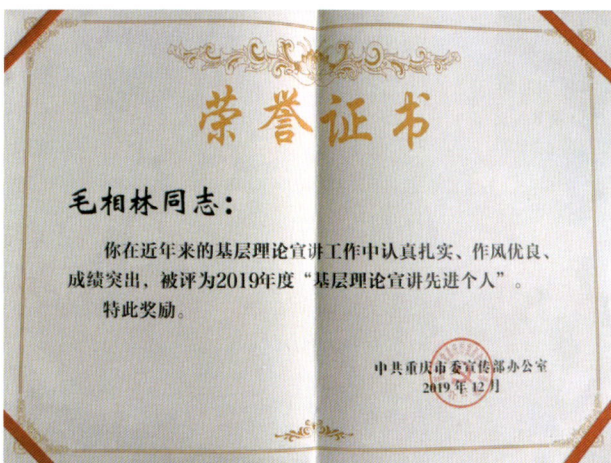

2020年7月4日，《光明日报》头版头条刊发《愚公精神的当代传奇——重庆下庄人在绝壁上凿出脱贫路》并配短评《精神的力量是无穷的》。

中共重庆市委　重庆市人民政府
关于深入开展向"时代楷模"毛相林同志
学习活动的决定

（2020 年 11 月 23 日）

　　毛相林同志，男，汉族，重庆巫山人，1959 年 1 月出生，1992 年 9 月加入中国共产党，历任巫山县竹贤乡原下庄村民兵连长、团支书、会计、大队长、村委会主任、村党支部书记，2005 年任合并调整后的下庄村村委会主任。该同志从 1977 年担任村干部至今，一直扎根贫困乡村，始终忠于党和人民事业，积极投身脱贫攻坚，努力实现乡村振兴，团结带领村民绝壁修路、扩大生产、打造景点、培育乡风，彻底改变了全村与世隔绝和贫困落后的面貌，曾经是全县最穷之一的下庄村于 2015 年率先实现整村脱贫、2019 年农村居民人均可支配收入达 12670 元。该同志先后被授予"全国脱贫攻坚奖奋进奖""中国好人""重庆市优秀共产党员""重庆市乡村振兴贡献奖先进个人""重庆市扶贫开发工作先进个人""感动重庆十大人物"等荣誉称号。2020 年 11 月 18 日，中共中央宣传部授予毛相林同志"时代楷模"称号，号召全社会向他学习。

　　毛相林同志是新时期共产党员的优秀代表，是扎根基层一线的脱贫攻坚楷模。为深入学习宣传毛相林同志的先进事迹和崇高精神，激励广大党员干部不忘初心、牢记使命，锐意进取、担当作为，凝聚起推动重庆各项事业新发展的磅礴力量，市委、市政府决定，在全市党员干部中深入开展向毛相林同志学习活动。

　　学习毛相林同志对党忠诚、矢志不渝的政治品格。毛相林同志始终怀有对党的真挚感情，一心向党、一心爱党，甘愿为党的事业奋斗终身。他的父母都是共产党员，父亲是抗美援朝老兵，母亲担任过村妇女主任，在他们的影响下，他在 1982 年 23 岁时就向党组织递交了入党申请书，此后 10 年又 5 次递交申请，终于在 1992 年光荣入党。他在入党申请书中写道："党员就要以身作则，不要怕苦，不要怕累，要带头。"他是这样说的，也是这样做的。虽然只上过初中，文化程度不高，但好学肯钻，带头学习党报党刊。坚决听党话、跟党走，带头落实各项惠民政策，传递党和政府的关怀厚爱。特别是在脱贫攻坚中，带头吃苦、冲锋在前，带领村民自力更生、脱贫致富。他坚守基层43年，以实际行动诠释了一名基层党员干部对党的忠诚、对人民的赤诚。全市党员干部要以毛相林同志为榜样，深学笃用习近平新时代中国特色社会主义思想，坚定理想信念、对党绝对忠诚，恪尽职守、积极作为，永葆共产党人的政治本色。

学习毛相林同志知重负重、攻坚克难的责任担当。毛相林同志始终牢记职责使命，不惧艰险、迎难而上，向贫困挑战、同命运斗争。下庄村地处大山深处，四周被高达千米的绝壁合围，由于道路危险，曾有23人摔下悬崖死亡、75人摔伤残，全村4个社近400名村民住在"井底"，祖祖辈辈以种植洋芋、红苕、苞谷"三大坨"为生。1997年作为原下庄村党支部书记兼村委会主任的他，在去县城开会途中，看到以前同样闭塞贫困的邻村通了公路、亮了电灯、看上了电视，深受触动，下定决心要带领村民凿山修路，突破绝壁、拔除穷根。一开始村民们不敢想象，甚至说他"疯了"，但他没有泄气，耐心和村民们磨嘴皮、算细账，反复说："山凿一尺宽一尺，路修一丈长一丈，就算我们这代人穷十年、苦十年，也一定要让下一代过上好日子！"待村民们动员起来后，他带头上工地、住山洞，始终同村民们奋战在第一线，在最危险处总是亲自上阵；修路无资金，他就带头自掏腰包，并发动村民东拼西凑；修路无机械设备，他就带领村民们腰系吊绳，用钢钎、大锤、锄头和双手，以最原始的方式步步向前凿进。历时7年，下庄村村民付出了艰苦努力甚至宝贵生命，终于在2004年凿开了一条8公里长的"天路"，从此结束了与世隔绝的历史。为了摆脱贫困，他又带领村民先后种漆树、养蚕、养羊，但因不懂技术屡战屡败，他主动在村民大会上作检讨，鼓励大家汲取教训、从头再来。凭着一股不服输的"牛劲"，经过15年探索试验，他带领下庄村成功培育劳务输出（蓝色）、西瓜种植（绿色）、柑橘种植（橙色）"三色"经济，通过改建民宿、打造景点发展乡村旅游，硬是闯出了一条脱贫致富之路。全市党员干部要以毛相林同志为榜样，在困难和挑战面前，拿出共产党人"敢教日月换新天"的气概，鼓起"不破楼兰终不还"的劲头，想为敢为、勤为善为，奋力推进重庆改革发展各项事业，不断开创高质量发展新局面。

学习毛相林同志心系群众、无私奉献的为民情怀。毛相林同志始终保持纯真质朴的为民情怀，心里总是装着下庄村的父老乡亲，只要是他们需要的，都会无私奉献出来。他说："一个共产党员就是一面旗，有事莫往后头躲，要往前冲。心里要想着群众，要有颗一心为民的心。只有这样，群众才会跟着干。"当年村里修路缺钱，他先是拿出母亲700元养老钱，又动用妹妹的3000元家具款，还以个人名义贷款1万多元。2015年至2018年，他先后三次无偿让出自家建房用地，供村里修建文化广场、卫生室、下庄人事迹陈列室。有村民因病致贫、心灰意冷，他三天两头上门看望，并为其联系外出务工门路，还出钱为其买猪仔、鸡仔和柑橘苗等发展种养殖，帮助其顺利脱贫。担任村干部数十年，他从未占用集体一分一厘，近年来村里建设项目逐渐增多，但他从不插手干预、谋取私利。他的真心付出和无私奉献，赢得了干部群众的广泛赞誉和信赖。全市党员干部要以毛相林同志为榜样，牢记全心全意为人民服务的宗旨，践行以人民为中心的发展思想，真心实意为群众解难事、办实事、做好事，永远做人民群众的贴心人。

学习毛相林同志与时俱进、倡树新风的价值追求。毛相林同志始终坚持解放思想、与时俱进，带头推进移风易俗、培育文明乡风，自觉践行社会主义核心价值观。2017年时逢他母亲80大寿，乡亲们纷纷劝他大办一场，他不仅谢绝了乡亲们的好意，还在母亲生日前一周将她送到村外亲戚家"躲生"。他说："我是一名共产党员，群众都在看着我，我如果不带头，哪个刹得住办'无事酒'的歪风嘛！"在他的示范和劝导下，全村党员干部带头签订拒办"无事酒"承诺书，坚决抵制大操大办、整治婚丧陋俗、破除封建迷信，令下庄村民风为之一新。村里孤寡老人生活难以自理，他就带着家人上门悉心照料，如同对待自己的亲人一样，村民们深受感动，自发加入照顾行列，多年来从未间断，带动形成了孝老敬老的良好风气。他深知下庄村的未来在孩子们身上，每逢村小期中、期末考试，他都会去监考，并给孩子们讲述祖辈们的修路故事，教育孩子们不怕困难、自立自强。2020年下庄人事迹陈列室建成后，他主动担任义务讲解员，向前来参观的人们介绍下庄人的奋斗史，宣传党和国家的好政策，展望乡村振兴的美好未来。全市党员干部要以毛相林同志为榜样，坚持解放思想、与时俱进，继承优良传统、发扬新风正气，引领带动全社会深入践行社会主义核心价值观，为创造高品质生活提供强大精神动力和丰厚道德滋养。

伟大时代呼唤伟大精神，崇高事业需要榜样引领。当前，正处在"两个一百年"奋斗目标的历史交汇点上，全市改革发展稳定的任务十分繁重，需要一大批像毛相林同志这样扎根基层、攻坚克难的先进典型示范带动，只争朝夕、苦干实干。全市广大党员干部特别是各级领导干部要以毛相林同志为榜样，向毛相林同志学习，牢记初心使命，自觉担负起党和人民赋予的时代重任。全市各级党组织要采取多种形式深入开展学习活动，注重与学习贯彻党的十九届五中全会精神结合起来，与统筹推进常态化疫情防控和经济社会发展结合起来，与决胜全面小康、决战脱贫攻坚结合起来，大力营造学习先进、争当先进的浓厚氛围，引导广大党员干部更加紧密地团结在以习近平同志为核心的党中央周围，增强"四个意识"、坚定"四个自信"、做到"两个维护"，全面贯彻落实习近平总书记对重庆提出的营造良好政治生态，坚持"两点"定位、"两地""两高"目标，发挥"三个作用"和推动成渝地区双城经济圈建设等重要指示要求，同心同德，顽强拼搏，奋力谱写重庆高质量发展新篇章，在加快推进社会主义现代化进程中展现新担当、实现新作为！

　　各地区、各部门、各单位要结合实际，认真制定学习活动方案，精心组织实施，确保取得实效，并于 2020 年 12 月底前将学习活动开展情况报送市委宣传部。

中共重庆市委　重庆市人民政府

2020 年 11 月 23 日

"开山凿壁"的筑"路"人

中共重庆市委

什么是一名共产党员的"初心"？

重庆市巫山县竹贤乡下庄村党支部书记兼村委会主任毛相林的回答是：开山凿壁、修通"天路"，带头引路、拔除穷根，让下庄村人过上好日子。

这个有着43年工作经历、29年党龄的党员，带领村民用最原始的方式在悬崖峭壁上凿石修道，历时7年铺就一条8公里的"绝壁天路"；培育"三色"经济，发展乡村旅游，推进移风易俗，提振信心志气，把绿水青山变成金山银山，让乡亲们改变贫困落后面貌，过上富裕文明生活。他用苦干实干践行了中国共产党人为人民谋幸福的初心，书写下愚公精神的当代传奇。2020年11月18日，中共中央宣传部授予毛相林同志"时代楷模"称号。

将初心融进灵魂，绝壁抠出向生"天路"

毛相林在入党申请书中写道："党员就要以身作则，不要怕苦，不要怕累，要带头。"

他是这样写的，也是这样做的。

下庄村位于重庆市巫山县小三峡的深处，整个村子被"锁"在由喀斯特地貌形成的巨大"天坑"之中，从"井口"到"井底"，垂直高度1100多米，"井底"直径1.3公里，"井口"直径不到10公里。过去，全村4个社、96户人家就住在"井底"，连接外界的唯一一条"路"，是近70度坡度的山体上三个大台阶和108道"之"字拐。村民们去巫山县城，要经由逼仄的古道翻越悬崖，一来一回至少4天。到1997年时，全村397人中有150多人一辈子没有离开过大山，160多人没见过公路……

闭塞的交通束缚了人们挣脱贫困和封闭的双手，阻挡着全村通向文明和富裕的脚步。水果成熟了却运不出去，只能烂在地里；药材无法销售出去，只能用来烧火；猪羊赶不出山，不能变成现钱；生了急病的村民，抬到半路就没救了；山外的姑娘打死也不往山里嫁……

难道下庄村人注定与世隔绝？注定只能当"井底之蛙"？注定生活在这"天坑"之下，子子孙孙穷下去？1997年7月，刚刚当上村支书一年多的毛相林坐在下庄村的"井口"之上，望着四周海拔1000多米的群山，眼泪夺眶而出。路，已经到了不能不修的时候了，没有路，他们就是最后的下庄村人！

然而那时，下庄村的路还没有列入全县规划，一无钱、二无机械，硬生生在悬崖上抠一条路吗？毛相林回想着自己当年入党时写下的话，"我用什么为人民办事？忠于党又能为党做些什么？"来自内心深处的发问让他下定了决心：要修路，再难也要修，抠也要为子孙后代抠出一条路来！面对村民的质疑和反对，他激昂地说："山凿一尺宽一尺，路修一丈长一丈，就算我们这代人穷十年、苦十年，也一定要让下一辈人过上好日子！"这句话激荡起村民们向贫穷闭塞宣战的决心和勇气。

山一样的艰难，终难敌山一样的意志。缺乏劳动力，毛相林就号召在家劳力全都上工地，还给外出务工的青壮年写劝回信；没有资金，他带头卖猪卖粮，四方借款筹措……1997年冬，下庄村人在绝壁之上打响了向命运抗争的第一炮。那一天，随着此起彼伏的炮声响起，很多人激动地哭了，这是几代人改天换命的愿望！

然而，在绝壁上开出一条"天路"，远比想象的更加艰难。没有工具，毛相林和村民们就腰系长绳，用大锤、钢钎、簸箕等简单的农具悬在空中钻炮眼；没有任何保护措施，他们在"炸了一炮"的垂直山体上，将炸开的缺口作为"立足之地"，用手挖，用脚蹬；高山绝壁没有人家，他们就住山顶、喝泉水、睡山洞。为早日修通绝壁路，毛相林最长一次在工地驻扎了3个月没回家。他说，我是修路发起人，最重的活、最危险的活必须带头。就像蚂蚁啃骨头一样，毛相林带领着下庄村人，在悬崖上艰难地一寸一寸向前推进。

修路是危险的，牺牲随时可能发生。1999年8月，26岁的村民沈庆富被峭壁上落下的石头砸中头部，掉下悬崖牺牲了；同年9月，36岁的村民黄会元被一方巨石砸到300多米的深沟里。两个月里接连牺牲两条鲜活的生命，路还要继续修吗？还会不会有人牺牲？在黄会元的灵堂前，压力与愧疚让内心一直无比坚定的毛相林第一次产生了动摇。

就在全村人陷入悲痛，陷入对修路的挣扎与彷徨时，黄会元72岁的老父亲站了出来，当着全村男女老少的面，说了这样一番话："我们这个地方这么苦寒，我们数十代的人受了这么多年的辛苦，哪怕我儿子黄会元死了，我也期望大家再努力一把，我们公路就修通了，就摆脱这个贫困了……"老人的话掷地有声，震撼着每一个下庄人的心。毛相林含泪问村民："同意继续修公路的，请举手！"一声声响彻天地的"修"，一双双高高举起的手，让毛相林浑身又充满了力量。第二天天还没亮，他就带着村民们，又一次向大山发起了挑战，再没有退缩。

矢志不渝、百折不挠的愚公精神，是战胜困难最坚强的力量。2004年4月，历时7年，毛相林以"愚公移山"般的决心和毅力，带领村民终于在几乎垂直的绝壁上凿出了一条长8公里的"天路"，下庄村人终于能够走出"天坑"，几代人的梦想终成现实。路通的那天，毛相林找来一辆车，把这条路从头走到尾。全村男女老少，自发形成队伍，跟着他走。走到终点时，毛相林大声对着乡亲、对着群山说："今天我们终于把这条路修通了，我们没有辜负死去的兄弟们。"那天，村民们笑了，他却哭得像个孩子。

平常时候看得出来，关键时刻站得出来，危急关头豁得出来。这就是共产党员应有的样子。毛相林带领下庄村人用坚强的心撞击坚硬的岩石，用血肉之躯刨出向生"天路"，彰显了共产党人把理想信念时时处处体现为行动力量的政治品格和先锋形象，成为飘扬在大巴山深处一面鲜红的旗帜。

把使命扛在肩上，穷村率先脱贫摘帽

路通了，生存之路有了，但发展中的无形之山如何开凿，又再次压在了毛相林的心上。

"最偏远的村庄、最贫困的群众、最旮旯的农户"，这就是下庄村脱贫之难的写照。戴着贫困村帽子的下庄村让身为党员干部的毛相林难受又自责。他明白，要脱贫致富，除了修路还得发展产业，打通村民的致富路，困难丝毫不亚于在绝壁上劈山开石。为了摆脱贫困，他又一次带领全村群众"开山凿壁"，向大山发起了"挑战"。

脱贫之路注定是艰难而曲折的。听说漆树值钱，他带领村民培育出 2 万余株漆树苗，没想到当年夏天全热死了；见其他村种桑养蚕赚了钱，他又号召村民跟着学，结果桑树长得不错，蚕子却死了个精光……他还在村里养过山羊，结果也失败了。一次次失败，让当初那些甘愿将命交出来随他一起在绝壁上修路的群众意见很大，毛相林也明白了"不能蛮干，得相信科学"的道理，并主动在村民大会上作了检讨。

贫有百种，困有千样，摆脱贫困，需要"一把钥匙开一把锁"。毛相林暗暗发誓，一定要让下庄村走出一条产业脱贫的新路子。有一次，毛相林在县城吃到一种西瓜，觉得特别香甜。他又动心了，想种植西瓜。这次，他先请教农技人员，自己试种两分地。可喜的是，种西瓜成功了。在他的带动下，下庄村终于有了第一个像样的产业。村民们信心大增，毛相林乘势而上。2014 年，他请来市县农业专家对下庄村的海拔、土壤、气候、水分、阳光等进行深入全面考察分析，最后确定发展纽荷尔柑橘、桃、西瓜三大脱贫产业。为了打消村民的顾虑，毛相林和村干部一起，到产业发展较好的地方讨教学习，摸清销路，还买来书一点点研究，一块地一块地走，一户一户上门教。几年下来，全村种下 650 亩柑橘，每年增加收入 200 万元左右。他还结合下庄村实际，制定了"瓜果为主、多种经营"的发展模式，鼓励村民种芝麻、种小麦，配套开榨坊和加工厂。如今，650 亩柑橘套种了小麦、红苕、土豆，150 亩桃园套种了西瓜，全部按照绿色食品标准进行种植。

发展产业的同时，毛相林注重打响下庄村劳务品牌。他努力争取乡里和县级有关部门支持，让村民参加技能培训，并专门组织外出务工村民座谈，叮嘱他们要遵纪守法、吃苦耐劳。下庄村的外出务工人员，由于能吃苦、愿干活，渐渐赢得了好口碑，别的村找不到的活儿，他们能找到，还能赚到钱。10 年来，下庄村先后有百余村民外出打工，全村每年劳务收入 200 余万元。

在蓝色（劳务输出）、绿色（西瓜种植）、橙色（柑橘种植）"三色"经济的推动下，下庄村人的腰包鼓起来了，村民富起来了。2015 年，下庄村在全县率先实现整村脱贫，2020 年，下庄村人均可支配收入达 13 784 元，是修路前人均 300 多元的 40 多倍。

谁说平凡的人不能创造奇迹？在脱贫攻坚的战场上，毛相林拿出共产党人"敢教日月换新天"的气概、鼓起"不破楼兰终不还"的劲头，把使命扛在肩上，向贫困挑战、同命运斗争，在前进的路上干出了不平凡的业绩！

把群众装进心里，一颗心凝聚百颗心

"心里要想着群众，要有颗一心为民的心。只有这样，群众才会跟着干。"这是毛相林常说的话。担任村干部的 40 多年里，毛相林始终保持着质朴为民的党员情怀，心里总是装着下庄村的父老乡亲。

1997 年，下庄村人刚决定自己修路时，既缺钱又缺物。没有钱，修路就是一句空话。为尽快启动修路测量工作，毛相林拿出自己给母亲攒下的 700 元养老钱作为第一笔修路资金。在他的带动下，村民们东拼西凑，筹集了 4000 元，请了专业测量师完成公路测量。为筹集修路物资，他还挪用了妹妹寄存的 3000 元家具款，并以个人名义向信用社贷款 1 万多元。2015 年至 2018 年，他先后 3 次无偿让出自家建房用地，供村里修建公共设施。担任村干部数十年，他从未占用集体一分一厘。近年来村里建设项目逐渐增多，但他从不插手干预、谋取私利。

2017 年，时逢毛相林的母亲 80 大寿，乡亲们纷纷劝他大办一场，他不仅谢绝了乡亲们的好意，还在母亲生日前一周将她送到村外亲戚家"躲生"。他说："我是一名共产党员，群众都在看着我，我如果不带头，哪个刹得住办'无事酒'的歪风嘛！"在他的示范和劝导下，全村党员干部带头签订拒办"无事酒"承诺书，坚决抵制大操大办、整治婚丧陋俗、破除封建迷信，令下庄村民风为之一新。

他帮助因病致贫的村民陈正香一家养了毛猪和鸡仔，还种植了柑橘，一年后陈正香家顺利脱贫；他为因病陷入困境的村民刘时琼家争取到低保补助，经济条件一好转，刘时琼就主动申请退出低保，并向党组织递交了入党申请书；他带着家人上门悉心照料生活难以自理的孤寡老人，如同对待自己的亲人一样，带动形成了孝老敬老的良好风气；他深知下庄村的未来在孩子们身上，每逢村小期中、期末考试，都会去监考，并给孩子们讲述祖辈们的修路故事，教育孩子们不怕困难、自立自强……

一个好干部，总是会把群众当亲人，胸膛里时刻跳动着一颗"勿忘人民"的心，毛相林就是这样的好干部。他用真心和奉献，把为民情怀写进了群众心里，赢得了群众的热爱和信赖。

将奋斗进行到底，绘出最美幸福图景

下庄村公路通了，村民们腰包鼓了，已年过六旬的毛相林依旧闲不下来。他相信，下庄村人的步伐不会止于打通绝壁上的"天路"，不会止于脱贫路，还要走好乡村振兴的路，他愿当一辈子筑"路"人，将下庄的绿水青山变成实实在在的金山银山。

下庄村有世外桃源般的生活，发展乡村生态旅游成了毛相林的新梦想。2018年，毛相林向县、乡两级争取到下庄的乡村振兴开发项目：依托下庄村精神和下庄独特地理、气候条件，打造乡村旅游，建设集生态田园观光、民俗节庆活动、乡村文创、户外运动拓展、乡村康养旅居功能于一体的具有三峡山村特色的休闲度假胜地。

下庄村美好的明天勾勒出来了，但下庄村的振兴，绝不能仅凭几个村干部的一腔热情。毛相林深知，振兴需要人才，特别是需要有知识、有见地、有干劲儿的年轻人。每年过年外出务工的村民回家，毛相林都挨家挨户上门向他们讲述这些年来下庄村的变化、描绘下庄村美好的未来，请他们回来为家乡的振兴尽心出力。没回来的，他就一个一个地打电话争取。在他的努力下，返乡村民越来越多，目前已有近一半的外出务工村民选择了回乡从业。从这条路走出去的年轻后辈，正在接棒家乡的振兴事业——29岁的毛连长回到村里做电商，叫卖柑橘、西瓜等土货；27岁的彭淦是村里走出去的第一批大学生，回到家乡成为一名教师；毛相林的儿子毛连军也回来了，正在参与旅游环线建设……

为激励年轻一代继续奋斗在巩固脱贫攻坚成果、接续乡村振兴的道路上，让下庄村老一辈不甘落后、不等不靠、不畏艰险、不怕牺牲的精神一代一代传承下去，2020年4月，下庄人事迹陈列室在村文化广场边建成，广场上还立起了一座"下庄筑路英雄谱"，上面刻着108位当年不惧艰险凿出"天路"的村民姓名。今天，下庄村的精神已融入基层党建，融入乡风文明建设，极大地激发了群众参与乡村振兴的内生动力。

习近平总书记指出："一个有希望的民族不能没有英雄，一个有前途的国家不能没有先锋。"党的十八大以来，以习近平同志为核心的党中央带领全国各族人民，以非凡的意志和智慧，创造了中国反贫困斗争的世界奇迹。这样的奇迹不是天上掉下来的，是一代又一代中国人勤勤恳恳干出来的。从凿通出山之路、探索脱贫之路、谋划振兴之路，到铺就通向幸福的文明之路，毛相林在一次次"开山凿壁"中，诠释了一名基层共产党员的初心使命。如今，毛相林和下庄村脱贫致富的事业还在继续，毛相林们所承载的"时代之光"，也必将照亮新的奋进之路！

（中共重庆市委 ."开山凿壁"的筑"路"人 [J]. 求是，2021(4)）

图书在版编目（CIP）数据

扎根基层一线的脱贫攻坚楷模：毛相林 / 中共重庆
市委宣传部，中共巫山县委编 . -- 重庆：重庆大学出版
社，2022.11
ISBN 978-7-5689-3589-0

Ⅰ. ①扎… Ⅱ. ①中… ②中… Ⅲ. ①毛相林—先进
事迹 Ⅳ. ①D263

中国版本图书馆CIP数据核字（2022）第222793号

扎根基层一线的脱贫攻坚楷模：毛相林

ZHAGEN JICENG YIXIAN DE TUOPIN GONGJIAN KAIMO：
MAOXIANGLIN

中共重庆市委宣传部 中共巫山县委 编

策划编辑：张永洋 周 晓
责任编辑：周 晓 版式设计：周 娟 刘 玲
责任校对：谢 芳 责任印制：赵 晟

＊

重庆大学出版社出版发行
出版人：饶帮华
社址：重庆市沙坪坝区大学城西路21号
邮编：401331
电话：(023) 88617190 88617185（中小学）
传真：(023) 88617186 88617166
网址：http://www.cqup.com.cn
邮箱：fxk@cqup.com.cn（营销中心）
全国新华书店经销
重庆俊蒲印务有限公司印刷

＊

开本：889mm×1194mm 1/16 印张：8.25 字数：171千
2022年11月第1版 2022年11月第1次印刷
ISBN 978-7-5689-3589-0 定价：58.00元